Conoce a Zelia Nuttall

Edna Iturralde

Ilustraciones de Israel Barrón

VISTA™

Para todos aquellos niños y niñas
a quienes les gusta investigar y soñar.

E. I.

Zelia era una niña entusiasta, vivaracha y muy curiosa que nació y creció en San Francisco, California. Cuando cumplió ocho años, su madre, que era de origen mexicano, le regaló lo que Zelia creía que era el mejor regalo del mundo: un libro titulado *Antigüedades de México*.

¡Este libro le pareció mágico! En vez de palabras, tenía extraños dibujos que contaban historias de antiguas culturas.

—¡Cómo me gustaría saber lo que dice! —exclamó Zelia, abriendo el libro.

¡Pero apenas lo abrió escuchó un aletear como de pájaros!
¡Eran las páginas del libro que se pasaban solas!

—¡Uyyy! ¿Qué está sucediendo? —se preguntó
Zelia sorprendida.

Justo en ese momento, escuchó una voz grave y seria.

—Acaso… ¿No querías saber lo que decía este libro?
Seguro que te parecerá interesante —explicó la voz.

Zelia contestó con un pequeño y tímido "sí".

—Pues esta es tu oportunidad —respondió la voz con un tono amistoso.

—¿Quién eres? —quiso saber Zelia llena de curiosidad—. ¿Puedo verte? ¿Por favor?

Entonces, escuchó un nuevo aleteo de papel, y apareció la figura de un ser de aspecto imponente que vestía un *maxtlatl* y llevaba sobre los hombros un *tilmatli*. En sus brazos y tobillos llevaba numerosos brazaletes, y lucía un enorme penacho de plumas de quetzal engarzadas en oro.

—Soy Moctezuma Xocoyotzin, emperador de los aztecas —se presentó el impresionante personaje.

Zelia hizo una reverencia como cuando terminaba de bailar ballet. Y luego, sin ningún temor, preguntó quiénes eran los aztecas.

Moctezuma suspiró con melancolía.

—Dices "eran" y deberías decir "son" porque todavía existen, aunque la mayoría no lo admite. Pero tú lo demostrarás, Zelia, porque los aztecas aún existen y hablan mi idioma, el náhuatl. Aztecas significa "gente de Aztlán, la región de las garzas", el nombre de una isla legendaria.

»Sin embargo, hay mucho sobre nuestra cultura que tendrás que estudiar. Nosotros, los aztecas, inventamos varias cosas en la arquitectura, la escritura pictórica (como los dibujos de este libro), la cerámica, las matemáticas y las ciencias, como la astronomía. Uno de nuestros logros más destacados fue la invención de un calendario que contaba con 260 días y tenía un uso profético, es decir, explicaba lo que sucedería en el futuro.

»Dar a conocer nuestra cultura, la cultura mexicana, será tu misión, niña —continuó Moctezuma—, y lo harás con mucho éxito —añadió mientras desaparecía en medio de un nuevo aleteo de las páginas del libro.

Desde entonces, Zelia empezó a soñar con visitar México y aprender acerca de aquellas antiguas culturas. Esto sería una misión para ella.

Lo que Zelia consideró como el primer paso para conocer antiguas culturas fue ir a investigar en el Museo Nacional de Historia en la Ciudad de México. Ahí comenzó su carrera como arqueóloga; estudió y sacó conclusiones de pequeñas cabezas precolombinas hechas de terracota. Publicó muchos artículos sobre el tema que causaron tal sensación que le pidieron que fuera a trabajar en la prestigiosa universidad estadounidense de Harvard, en Massachusetts.

Después, continuó con otros estudios y descubrimientos que ella seguía considerando sus "misiones". Viajó a Europa, aprendió otros idiomas y, cual detective, siguió pistas hasta descubrir escritos donde se explicaba la cultura azteca en códices pictóricos, como en aquel libro de su infancia que tanto la impresionó.

Zelia Nuttall se convirtió en defensora de los antiguos aztecas y pudo identificar el tocado de plumas de quetzal de Moctezuma en un museo de Austria. Además, explicó con charlas y escritos que el pueblo azteca todavía existía, que eran indígenas puros representados por personas inteligentes y bellas que todavía hablaban náhuatl; que la palabra más linda que el náhuatl le regaló al español es "apapacho", que significa cariño, mimos y "abrazar con el alma".

17

En sus estudios como antropóloga, Zelia defendió su opinión de que los rituales de la muerte aztecas solo los hacían los sacerdotes, y que el pueblo celebraba a sus difuntos la última semana de octubre hasta los primeros días de noviembre. Esta costumbre se originó en la época prehispánica, y era motivo de alegría porque, para los aztecas, significaba el regreso de las almas a la tierra para convivir con los vivos durante esos días.

A la muerte la veían como el inicio del viaje hacia el *Mictlán*, el lugar de los muertos, en el que el alma del difunto debía atravesar diversas pruebas hasta encontrarse con el *Señor de la Muerte*. Esta celebración es el origen de la festividad del Día de Muertos que se celebra en la actualidad. Los mexicanos y personas de origen mexicano hacen un altar en el cual se colocan velas, fotos de los difuntos, sal, incienso y decoraciones de papel picado, que simbolizan la alegría. Y se hacen caminos con la flor de cempasúchil, conocida como "flor de veinte pétalos", para guiar a las almas en su viaje de ida y vuelta.

Nuevamente como arqueóloga, Zelia continuó haciendo descubrimientos. Sin embargo, los arqueólogos varones la veían como una amenaza porque era una época donde imperaba el machismo y además había muchos "cazadores de tesoros", a quienes no les convenían sus investigaciones.

Aun así, Zelia persistió con sus misiones y, además de publicar libros, realizó varias exploraciones en la pequeña isla de los Sacrificios, en el Golfo de México, muy cerca del puerto de Veracruz. El gobierno le exigió que tuviera un hombre como supervisor para permitirle trabajar. Ella se negó. No obstante, a pesar de que ella fue la descubridora, otros se apropiaron de sus conclusiones. Usando su inteligencia y conocimientos, Zelia pudo demostrar más tarde que ella era la autora de esos estudios.

Pasaron los años y Zelia decidió vivir en Coayacán, un suburbio de la Ciudad de México, en la Casa Alvarado. En su jardín encontró fragmentos de cerámica azteca y con ellos creó un pequeño museo.

Allí recordó lo que ella consideraba que era lo más importante que había hecho en su vida desde aquel día cuando recibió el *libro mágico* que la inspiraría a estudiar las antiguas culturas...

24

Entonces, emprendió una nueva misión: se dedicó a invitar a arqueólogos, antropólogos, historiadores y artistas locales para que, a través de sus charlas y conferencias, la ayudaran a avanzar en su compromiso de contribuir a cambiar la imagen negativa de los aztecas que se tenía en aquel tiempo.

—He cumplido mi deseo de dar a conocer a los aztecas dentro y fuera de México —se dijo en voz alta, y luego susurró:

"...para que los mexicanos acojan su herencia con orgullo. He hablado de un tipo de arqueología sobre y para la gente, que pudiera cambiar el presente con una mejor comprensión del pasado".

Allí pasó Zelia Nuttall su vejez: en su amada Ciudad de México.

En su jardín, las flores de cempasúchil formaban senderos por donde esperaba que su alma transitara años más tarde.

Edna nos habla de Zelia

Zelia María Magdalena Nuttall nació en San Francisco, California, el 6 de septiembre de 1857. Zelia, el nombre griego que le pusieron sus padres, significa "entusiasta". ¡Y vaya que fue una niña y luego una mujer de un gran entusiasmo! El libro que su madre le regaló en su octavo cumpleaños y que la hizo "enamorarse" de la antropología y la arqueología fue escrito por Edward King, vizconde de Kingsborough. Se titulaba *Antigüedades de México* y era una recopilación de códices pictóricos, es decir, manuscritos anteriores a la invención de la imprenta, y, en este caso, con dibujos.

De jovencita, Zelia viajó por Europa con sus padres y su hermano. Durante su estancia en el llamado "viejo mundo", se educó en colegios de Italia, Francia y Alemania. Gracias a esto, aprendió con facilidad muchos idiomas que más tarde le sirvieron para llevar a cabo muchas de sus investigaciones. Su mayor ilusión era visitar México. Lo había soñado con sus pirámides y sus montañas, sus campos y ciudades; sobre todo, con la gente, con la cual se identificaba mucho puesto que su madre era de origen mexicano.

Zelia trabajó como arqueóloga en el Museo Nacional de Historia, donde estudió pequeñas cabezas de terracota encontradas en San Juan de Teotihuacán, un lugar de ruinas arqueológicas cercano a la Ciudad de México. Publicó cuarenta artículos que causaron tal sensación que fue nombrada asistente especial de arqueología mexicana del Museo Peabody de la Universidad de Harvard, en Estados Unidos.

Pero quizás su logro más importante fue que desafió la creencia de que los aztecas eran seres crueles y sanguinarios, y que estaban extintos. Zelia se dedicó a defender con su trabajo el enorme valor de las antiguas civilizaciones de Mesoamérica. En Europa, cual detective, buscó en archivos privados y en bibliotecas antiguos manuscritos que estaban olvidados y los dio a conocer. Entre ellos uno, luego conocido como el Códice Zouche-Nuttall, un manuscrito del siglo XIV doblado como un acordeón que contiene dos narrativas: por un lado, la historia de importantes centros en la región mixteca; y por el otro registra la genealogía, los matrimonios y las hazañas políticas y militares del gobernante mixteco 8 Venado, Garra de Jaguar.

Zelia Nuttall fue descubridora, investigadora, arqueóloga, antropóloga cultural y pionera en la antropología y la arqueología mexicanas. Vivió en una época en la que imperaba el machismo, lo cual hizo difícil su trabajo; pero ella nunca se dio por vencida.

Al final de su vida, mantuvo su casa abierta para reuniones de intelectuales en las que, en medio de charlas y sonrisas, pudo avanzar con lo que ella consideraba su compromiso con un tipo de arqueología "que hablara sobre y para la gente, que pudiera cambiar el presente con una mejor comprensión del pasado".

Glosario

antropóloga(o): Persona que estudia los aspectos de la naturaleza humana. Antropología es un término de origen griego compuesto por las palabras *anthropos*, que quiere decir "hombre" o "humano", y *logos*, que quiere decir "conocimiento" o "ciencia".

arqueóloga(o): Persona que estudia las culturas antiguas, especialmente a través de sus restos, es decir, los objetos que dejaron al desaparecer.

códices pictóricos: Libros escritos en el periodo precolombino y durante la época colonial que proporcionan las mejores fuentes primarias sobre su cultura.

difunto(a): Persona que ha muerto.

machismo: Conjunto de prácticas, comportamientos y dichos que resultan ofensivos contra el sexo femenino o que intentan marcar una superioridad del hombre sobre la mujer en varios ámbitos de la vida.

maxtlatl: Prenda de vestir que usaban los hombres y niños aztecas.

penacho: Adorno de plumas que se pone en la cabeza.

precolombino: Anterior a la llegada de Cristóbal Colón a América.

quetzal: Ave mesoamericana, considerada sagrada por las civilizaciones precolombinas.

terracota: Arcilla modelada y endurecida al horno.

tilmatli: Tela rectangular anudada al cuello.

© 2023, Vista Higher Learning, Inc.
500 Boylston Street, Suite 620
Boston, MA 02116-3736
www.vistahigherlearning.com
www.loqueleo.com/us

© Del texto: 2023, Edna Iturralde

Dirección Creativa: José A. Blanco
Vicedirector Ejecutivo y Gerente General, K–12: Vincent Grosso
Desarrollo Editorial: Salwa Lacayo, Lisset López, Isabel C. Mendoza
Diseño: Ilana Aguirre, Radoslav Mateev, Gabriel Noreña, Verónica Suescún,
    Andrés Vanegas, Manuela Zapata
Coordinación del proyecto: Karys Acosta, Tiffany Kayes
Derechos: Jorgensen Fernandez, Annie Pickert Fuller, Kristine Janssens
Producción: Esteban Correa, Oscar Díez, Sebastián Díez, Andrés Escobar,
    Adriana Jaramillo, Daniel Lopera, Juliana Molina, Daniela Peláez, Jimena Pérez
Ilustraciones: Israel Barrón

Retrato de Zelia Nuttall con abanico en la contraportada: California Faces Collection,
The Bancroft Library, University of California, Berkeley, publicado con permiso de
Bancroft Library, University of California, Berkeley.

Conoce a Zelia Nuttall
ISBN: 978-1-54338-227-3

Printed in the United States of America

1 2 3 4 5 6 7 8 9 KP 28 27 26 25 24 23